Ray,

¿QUÉ SON ESTAS MANCHAS?

EL PROTAGONISTA DE ESTE CUENTO ES UNA MANTARRAYA

que, por la muerte de su padre, decide aislarse de todo el mundo para no sufrir. Así pues, comienza una aventura sin su familia, en la que tiene que ir a otra parte del océano. Por el camino hace diversos amigos y aprende valiosas lecciones que acaban marcándole, literalmente, de por vida.

VALORES IMPLÍCITOS

Esta aventura trata la superación de las pérdidas de objetos de apego o seres queridos. La necesidad de convivir y compartir con el resto. El respeto por nuestro planeta y la importancia de querer y dejarse ayudar.

Ray,
¿QUÉ SON ESTAS MANCHAS?

IRIA DIZ

ILUSTRADO POR
LUCÍA VALDÉS ARBOLÍ

Gracias a todos los que con vuestra aportación habéis hecho que este proyecto sea posible.

Gracias también al proyecto Teachers as Environmental Learning Hub: Biodiversidad Urbana, desarrollado en colaboración con la Fundación Endesa y la Universidad Autónoma de Madrid a través de la III Edición del Programa de Fomento de la Transferencia de Conocimiento de la Universidad Autónoma de Madrid (FUAM - Convenio: 0375/2022 Programa: 465059), por colaborar en la publicación de este cuento.

Hola, esta es la historia de Ray, una mantarraya.

Creció en un huevo dentro de la tripa de su mamá,
y tardó un año en nacer.

Vive en las aguas cálidas de los océanos.

Cuando tenía cinco años, su papá y varios amigos
murieron atragantados mientras comían, debido a
los plásticos que los humanos habían tirado al mar.

Ray lo pasó muy mal después de morir su papá. No quería hablar, no quería nadar y tampoco quería jugar con sus amigos. Se encontraba triste y prefería estar solo. A los pocos días, le salió una mancha muy rara en el centro del cuerpo.

Debido a los cambios de temperatura, provocados por el calentamiento global del planeta, cada día les costaba más trabajo encontrar alimento.

Ray y su familia tuvieron que ir en busca de un nuevo hogar. Decidieron ir a Indonesia, donde se juntan los océanos Pacífico e Índico, ya que según le habían contado a su mamá, allí había mucha comida.

La familia de Ray se fue antes que él porque seguía muy triste por la pérdida de su papá y quería estar solo para que no volvieran a hacerle daño.

Así empezó a recorrer el océano él solito.
Después de varios días, llegó a unos arrecifes de
coral. Allí se encontró con un pulpo muy gracioso
que se estaba camuflando para esconderse de
unos delfines que querían comérselo.

El pulpo, que se llamaba Filippo, le estuvo
contando a Ray toda su vida.

Filippo le contó que habían pescado a toda su familia, por lo que se iba a vivir con otros amigos que tenía.

Aunque estaba un poco triste por eso, también estaba emocionado porque podría conocer nuevos lugares y hacer más amigos.

Tras muchas horas hablando juntos, Filippo tuvo que despedirse de Ray:

—¡Adiós, Ray, espero que te guste tu nuevo hogar! —le dijo Filippo despidiéndose con el tentáculo.

Después de esto, Ray se quedó otra vez triste porque, aunque quería estar solo, se sintió más y más solo. Sin embargo, algo en él había cambiado. ¡Le había salido una mancha en una aleta!

Ray se notaba raro, tenía una sensación en el cuerpo que no reconocía. No era ni tristeza ni soledad, era un sentimiento agradable que nunca había sentido.

Sin darle más importancia, continuó nadando.

Por el camino se encontró con un grupo de belugas que nadaban en familia. Entre ellas vivía Martina, una beluga que pocas veces estaba despierta, pero que cuando lo estaba ¡no se callaba! Martina le contó cosas sobre su vida, como que tenía un hermano que no paraba de molestarla o que sentía miedo por las orcas. Al confesar esto, Ray le dijo que él también tenía miedo a las orcas porque podían comérselo.

Ray se sorprendió cuando se dio cuenta de que le había contado su mayor miedo a Martina, y otra vez sintió esa sensación tan rara en el cuerpo que no era ni tristeza ni soledad, era un sentimiento agradable que nunca había sentido.

Mientras seguían hablando, alejados del grupo de belugas, vieron una orca que iba nadando muy rápido hacia ellos.

Al ver que la orca no cambiaba de dirección, Ray sin pensárselo, se puso delante de Martina, extendió sus aletas y la ocultó de la orca para que no le hiciera daño.

Cuando la orca estaba muy cerca, se dio la vuelta
al ver que no podía hacer nada, porque había
aparecido toda la familia de Martina detrás.

Dio un fuerte abrazo a Ray, le dio las gracias por
protegerla y le dijo que tenía que irse con su familia.

Cuando Ray se quedó solo, se miró y ¡otra vez!...
Le había salido una mancha en la otra aleta.

Sin darle más importancia, siguió nadando hasta que, sin querer, le dio un golpe con la cola a un pez globo muy muy pequeñito.

—¡Eh! ¡Ten cuidado! —le gritó el pez mientras se hinchaba.

Y así fue como conoció a Isi, un pez muy malhumorado, que no confiaba en nadie y que se llamaba así porque siempre estaba diciendo: «¿Y si pasa esto? ¿Y si pasa lo otro?».

Ray se disculpó por el golpe que le había dado y le contó que se dirigía a Indonesia. Isi le respondió que él también iba allí. Así que se fueron juntos.

Isi le contó a Ray que sus amigos querían irse a otro sitio a vivir. Pensó que lo iban a abandonar, y se fue por su cuenta.

—No los necesito, estoy mejor solo —dijo Isi.

Ray le dijo que le entendía muy bien, que él estaba solo para no pasarlo mal.

Siguieron hablando hasta que llegaron a unos arrecifes de coral. Allí se encontraron a todos los amigos de Isi.

Estos le dijeron que le habían estado buscando, pues no podían irse sin él, y les daba igual dónde vivir, siempre que estuvieran todos juntos.

Isi, al escuchar estas palabras, se puso a llorar avergonzado por haber sido tan tonto y pensar que no le querían.

Al ver esta escena, Ray volvió a sentir otra vez esa sensación tan rara en el cuerpo que no era ni tristeza ni soledad, era un sentimiento agradable que nunca había sentido.

Antes de irse, Isi le dijo a Ray:

—No seas como yo, no tengas miedo a confiar en la gente. A veces, la gente se va de nuestras vidas, pero siempre nos dejan cosas buenas.

Ray dejó allí a Isi, y al girar la cabeza... ¡tenía otra mancha en la cola! Ray no entendía qué eran todas esas manchas. Sentía que siempre que se separaba de alguien a quien quería le salían para recordarle lo mal que lo había pasado y lo solo que estaba.

Lleno de tristeza y mirando las manchas una y otra vez, por fin llegó a su destino: Indonesia.

Cuando levantó la cabeza, vio una silueta que le resultaba familiar. ¡Era su madre!

Ray pensaba que no iba a verla nunca más. Fue nadando muy rápido a abrazarla y a contarle todos los animales que había conocido.

Su madre lo miró sorprendida: algo había cambiado en él. Le dijo que ya no lo veía triste, sino ¡feliz!

Al escuchar las palabras de su madre, Ray se dio cuenta de que, efectivamente, estaba feliz.

Estaba feliz de ver de nuevo a su madre. Estaba feliz de haber hecho tantos amigos, aunque luego se hubiese tenido que despedir de ellos.

Así se dio cuenta de que debía recordar las cosas buenas que había vivido con su padre.

Esto le llenó de alegría y de amor, y entendió que todas las manchas que le habían salido en su piel formaban parte de los animales a los que había querido, de su padre y de los amigos que había hecho por el camino. Comprendió que mientras tuviese esas manchas y se acordase de todos ellos, nunca más volvería a encontrarse solo.

Ray, ¿qué son estas manchas?

© del texto: Iria Diz
© de las ilustraciones: Lucía Valdés Arbolí
© del diseño y corrección: Equipo BABIDI-BÚ

© de esta edición:
Editorial BABIDI-BÚ, 2024
Avda. San Francisco Javier, 9, 6ª, 23
Edificio Sevilla 2
41018 - SEVILLA
Tlfn: 912.665.684
info@babidibulibros.com
www.babidibulibros.com

Impreso en España
Primera edición: junio, 2024

ISBN: 978-84-10329-40-9
Depósito Legal: SE 1218-2024